Ein Buch für Kinder
in der Vorschule und Kinder-
garten.
Mit freundlichen Grüßen

[signature]

28.01.23

D1704323

ROMEON
VERLAG

Geschichten erzählen

1. Auflage, erschienen 11-2019

Umschlaggestaltung: Romeon Verlag
Text: Dulce Magnani
Layout: Romeon Verlag
Übersetzung: Uwe Geuß, Marcia Huber, Norbert Hüller
Titelbild: Amparo Flamme
Illustrationen: Daniela Magnani Hüller, Amparo Flamme,
Florian Ametsbichler

ISBN: 978-3-96229-142-6

www.romeon-verlag.de
Copyright © Romeon Verlag, Kaarst

Alle im Buch enthaltenen Angaben, Ergebnisse usw. wurden vom Autor nach bestem Gewissen erstellt. Sie erfolgen ohne jegliche Verpflichtung oder Garantie des Verlages. Er übernimmt deshalb keinerlei Verantwortung und Haftung für etwa vorhandene Unrichtigkeiten.

Bibliografische Information der Deutschen Nationalbibliothek:
Die Deutsche Nationalbibliothek verzeichnet diese Publikation in der Deutschen Nationalbibliografie; detaillierte bibliografische Daten sind im Internet über *http://dnb.dnb.de* abrufbar.

GESCHICHTEN ERZÄHLEN

VON
DULCE MAGNANI

Welches Tier ist es?

Das Tier ist gut bewacht hinter einem Zaun.

Die Nase schaut wie eine Steck-dose aus.

Sein Schwanz ist wie eine Feder eingerollt.

Grunz! Grunz! Dort kommt mein Dickerchen

Es hüpft und schnurrt mein Tierchen.

Steigt rauf und runter mit leisen Pfoten.

Schläft ganz eingerollt in aller Ruhe.

Wacht auf, rekelt sich und springt schnell davon.

Sein Schwanz wedelt von hier nach dort.

Es muss alles beschnüffeln und ist sehr neugierig.

Macht wau, wau, unser Freundchen.

Macht ein Loch und vergräbt einen Knochen.

Es ist klein, mein Tierchen.
Es hat einen sehr langen
Schwanz.

Mag sehr gerne einen Käse.

Versteckt sich in einem Loch.

Es hat zwei große Ohren.
Hüpft und springt ganz leicht.
Mag sehr gerne Karotten.
Bringt an Ostern ein schönes Ei.

Schläft in deinen Armen mit dir.

Ist immer ganz weich.

Mag sehr gerne Honig essen.

Es ist mein bester Freund.

Vorne eine lange Nase.
Hinten ein kleines Schwänzchen.
Es ist sehr groß, mein Tier.
Arbeitet manchmal im Zirkus.

Schlägt seine kleinen Flügelchen und ist ganz gelb.

Macht zi zi, mein Tierchen.

Ist immer in der Nähe seiner Mutter.

Und hat in meiner Hand Platz.

Fliegt hierhin und fliegt dorthin.

Auf einer Blume setzt es sich zum Ausruhen.

Vorher war es eine Raupe.

Nach dem Essen von Blättern verwandelt es sich.

Durch meinen Schritt geht alles ganz leicht.

Hinter dem Tier wird ein Wagen gespannt.

Geht es im Galopp wird alles gleich schneller.

Hat eine Mähne und einen langen Schwanz.

Es fliegt hoch in die Lüfte mein Tierchen.

Hat Kinder in einem Nestchen.

Am Morgen erwacht es mit Singen.

Kommt her und frisst Brot-krümel.

Es macht immer quak, quak, quak.

Legt viele Eier ins Nest.

Geht Schwimmen mit seinen Kindern.

Es hat Schnabel und Schwimm-häute.

Hängt sich in die Zweige mein
Tierchen.

Hüpft mit Leichtigkeit die Bäu-
me rauf und runter.

Manchmal balanciert es mit
dem Schwanz.

Für eine Banane spielt es verrückt.

Es hat Federn und die sind
grün.

Was man sagt, wird wiederholt.

Seine Stimme klingt wie deine.

Ist mit sich zufrieden.

Schleicht immer langsam dahin.

Und frisst alles, was du pflanzt.

Bringt auf seinem Rücken sein Haus mit.

Verschreckt zieht es sich dahin zurück und kommt nicht mehr heraus.

Macht quack, quack, mein Tierchen.

Lebt am Ufer von einem Ge-
wässer.

Wird wie ein Fisch geboren.

Bekommt Beine und verliert
den Schwanz.

Mit einem langen Hals.
Auf dem Kopf zwei Hörnchen.
Frisst dort oben die Blätter.
Hinten hat es ein kleines
Schwänzchen.

Mein Tier ist recht klein.
Mag sehr gerne Fische.
Es taucht und schwimmt im
Ozean.
Mag Eis und Kälte sehr gern.

Es kriecht und ist recht schnell.

Lebt im Fluss und mag gerne Fische.

Lässt das Maul meist offen.

Damit die Zähne geputzt werden.

Das Haus von Uroma Florinda

Es war einmal ein ganz besonderes Haus in Brasilien, in Rio de Janeiro mit einem schönen Garten voll von Rosen und Jasmin. Es hatte alles, was andere Häuser auch haben: Wohnzimmer, Schlafzimmer, Bad und Küche. In diesem Haus wohnten zwei alte Frauen und ein alter Mann.

Eine der Frauen war besonders alt, Uroma Florinda, wie alle sie nannten, denn sie war schon zweimal Großmutter. Ihre Söhne und Töchter hatten bereits Enkel und Enkelinnen, die wiederum die Urenkel und Urenkelinnen von unserer Urgroßmutter waren. Unser liebes Urgroßmütterchen war magerer Statur, mit weißen Haaren und Locken wie Watte. Sie war sehr ruhig und geduldig, wie jemand, der alle Zeit der Welt hat.

Bei ihr lebte ihre Tochter, Oma Maria, die auch schon Großmutter war. Sie war eine rundliche Frau mit kurzen weißen Haaren und Augen grün wie das Meer; eine Oma, die viel Energie für alles und eine wahre Zauberhand für Pflanzen, Nähen und Kochen hatte.

Außerdem lebt mit Urgroßmutter Florinda noch ihr Schwiegersohn, der Mann von Oma Maria, Opa Lorenzo, ein Portugiese, der ziemlich dick war und einen gutmütigen Charakter hatte, weil er in allen Dingen, die passierten, immer etwas Positives sah.

Von Montag bis Freitag musste unsere Großmutter Maria immer mehr Mittagessen kochen, denn nach der Schule kamen die Enkelkinder zu ihr, da deren Eltern noch arbeiten mussten. Jetzt ist Mittag, die Glocke läutet:

„Wer wird es wohl sein?", fragt die Urgroßmutter.

Opa Lorenzo öffnet die Tür und es tritt ein Mädchen herein. Es ist Raquel, sie ist die älteste Enkeltochter - groß, schlank, ein heller Hauttyp mit lockigen, braunen Haaren. Sie ist zuverlässig und überzeugend, bereits mit ihren zehn Jahren eine kleine Dame, weswegen sie auch allein von der Schule nach Hause geht.

„Hallo Opa Lorenzo, Uroma Florinda und Oma."

Sie gibt jedem ein Küsschen und stellt die Schultasche auf den Boden.

In diesem Moment kommt der Schulbus mit ihren Cousins und ihrer Cousine an. Beim Anhalten des Busses vor dem Haus hupt der Busfahrer und die ganze Rasselbande steigt aus. Sogleich beginnt der Lärm und das Durcheinander folgt.

Der Erste, der ins Haus stürmt, ist Felipe, der sogleich fragt: „Was gibt's heute zu essen? Ich habe einen Riesenhunger, ich könnte einen Bären fressen!" Er ist das älteste Enkelkind. Neun Jahre alt, blondhaarig, mager und ein Energiebündel. Alle nennen ihn ‚Siebenschlau', weil er auf alles eine Antwort weiß.

„Heute gibt's Fisch, riechst du ihn nicht?", antwortet Alex, der als der Zweiter hereinkommt.

Alex ist ungefähr ein Jahr jünger als Felipe. Er ist Opa Lorenzo sehr ähnlich, rund und mit glatten Haaren, Erfinder von Streichen und außerdem ein richtiger Vielfraß.

„Ich liebe die Sardinen, die Oma Maria macht. Sie sind die besten, die ich in meinem ganzen Leben gegessen habe", sagt Gabi, die jüngste Enkelin von Großmutter.

Sie ist ein hübsches dunkelhäutiges Mädchen mit großen braunen Augen und sieben Jahre alt. Außerdem ist sie sehr lebhaft.

„Ich möchte Pommes mit Spiegeleier", bittet Leo, der drei Jahre jüngere Bruder von Felipe.

Er ist das genaue Gegenteil zu seines Bruders - klein, dunkelhäutig und sehr verspielt.

„Ich möchte Pommes ohne Eier", sagt Gugu, der kleinere Bruder von Leo und Felipe.

Er hat klare, helle Haut und braunes Haar. Er ist ein schlaues Köpfchen und ein sehr ruhiges Kind.

Da sagt unsere Großmutter Maria:

„Die Griechen und die Trojaner gefallen mir."

„Wer sind denn die Griechen und Trojaner?", fragt Leo.

Oma erklärt ihnen: „Das waren zwei Völker, die vor langer, langer Zeit lebten und sich immer untereinander stritten."

„So wie ich mit Leo?", will Gugu wissen.

„Ja, sie waren genauso wie ihr zwei. Einer möchte die Pommes mit und der andere ohne Ei. Jetzt muss ich in die Küche gehen und das Essen fertig machen."

„Oma, machst du für mich Tomatensalat?", bittet Juruna, der eigentlich Alexandro heißt, aber alle verwenden den Indianer-Namen Juruna, da er tatsächlich ein bisschen wie ein echter Indianer aussieht.

Er ist der Jüngste von allen und der Bruder von Alex.

Und Großmutter antwortet:

„Aber ja doch, mein Lieber, ich mache ihn nur für dich alleine".

Zu Besuch ist auch immer Marcel, der Nachbarjunge, da er ein guter Freund von allen ist. Er ist ein großer Junge mit Kaninchenzähnen. Auch er isst bei Oma Maria immer mit.

Nach dem Essen ruhen sich alle ein bisschen aus und machen dann ihre Hausaufgaben. Nachdem Großmutter Maria sie geprüft hat, dürfen die Kinder zum Spielen raus. Das gefällt allen.

Eigentlich hätte es ein Tag wie jeder andere sein können, aber er war ganz anders. Sie spielten: Fußball, Basketball, Volleyball und am Schluss noch Völkerball, das Lieblingsspiel der Kinder. Das eine Team bestand aus Marcel, Alex, Gabi und Gugu und das andere aus Felipe, Raquel, Leo und Juruna.

Das Völkerballspiel war gerade im vollen Gange. Gabi und Felipe sind die zwei, die noch übrig sind. Ständig weichen sie dem Ball geschickt aus.

Plötzlich, nach einem schlechten Wurf, fragen sich die Kinder wo der Ball ist. Nach kurzer Zeit haben sie ihn entdeckt. Er ist auf dem Dach zum Liegen gekommen. Und jetzt? Wie soll das Spiel weitergehen?

„Ich habe eine Idee", meldet sich Felipe ‚Siebenschlau' mit einer seiner grandiosen Ideen.

„Alex und ich stellen die Leiter auf, Gabi nimmt den Besen und Raquel die Angelrute von Onkel Sergio".

Sie kommen mit der Leiter an, doch wer wird hochklettern?

„Ihr haltet die Leiter fest und ich klettere hinauf", sagt Marcel, der der Größte der Gruppe ist. Er steigt hinauf, aber er kommt nur bis zur Wand.

„Jetzt weiß ich's", sagt Felipe, „Marcel, du steigst noch einmal die Leiter hinauf, auf deine Schulter klettert dann Raquel mit dem Besen und holt den Ball herunter."

So machen sie es, doch Marcel beginnt zu stöhnen:

„Geh Runter! Geh runter! Du bist zu schwer, sonst werden wir noch beide herunterfallen."

„Dann werde ich es machen, ich bin leichter", sagt Felipe.

Sie versuchen es so, aber vergeblich, sie erreichen nur das Vordach. Auch mit der Angelrute kommen sie nicht bis zum Ball.

„Wir werden eine Menschenturm machen", sagt Alex, „Marcel steigt auf die Leiter, Felipe auf seine Schultern und ich wiederum auf die Schultern von Felipe".

Aber das ist nicht leicht. Die zwei Jungen halten nicht das Gewicht von Alex aus. Das nächste Mal ist Leo dran, doch immer noch fehlt ein Stück, um das Dach zu erreichen.

„Ich werde es probieren", sagt Gabi.

So machen sie es. Marcel klettert auf die Leiter, auf seine Schultern Felipe und auf dessen dann Gabi.

„Ich hab's geschafft", ruft ihnen das Mädchen dort oben vom Dach zu.

Oma Maria saß am Fenster und nähte gerade, als sie den Krach auf dem Dach hörte. Sie schaut nach oben, sieht das Mädchen und ruft ihr erschrocken zu:„Setz dich hin, Gabi, setz dich, bleib ganz ruhig. Ich rufe sofort die Feuerwehr".

Die Großmutter rennt ins Wohnzimmer und weist Opa Lorenzo an: „Lorenzo, ruf sofort die Feuerwehr, damit sie die Gabi von dem Dach herunterholt".

Der Großvater greift sofort nach dem Hörer und telefoniert:

„Hallo! Städtische Feuerwehr", ertönt es auf der anderen Seite der Leitung.

„Schnell, hier spricht Lorenzo, es gibt kein Feuer, doch meine Enkelin Gabi befindet sich oben auf dem Dach."

„Und wie kommt es, dass sie dort raufgestiegen ist?", fragt der Feuerwehrmann.

„Wir wissen es nicht. Unsere Leiter ist nicht so lang, dass wir sie herunterholen können."

„Wir kommen sofort. Wie ist ihre Adresse?", forscht der Feuerwehrmann nach.

„Mesquitastraße 100", antwortet Opa Lorenzo.

„Auf Wiedersehen."

„Vielen Dank und bis gleich."

Urgroßmutter, die im Wohnzimmer sitzt, fragt nun:

„Eine Gabel auf dem Dach oben?" Die Alte hört nicht mehr allzu gut.

„Nein. Die Gabi ist auf dem Dach", sagt Opa Lorenzo.

„Mein Gott!", ruft die Oma Florinda ganz schockiert aus.

Und die zwei gehen nach draußen, um es zu sehen.

Oma Maria, die bereits draußen war, steht nun dort, wo sich Gabi auf dem Dach befindet, und spricht zu dem Mädchen:

„Gabi, komm nicht herunter! Die Feuerwehr wird jedem Moment ankommen und dich dann von dort oben wieder herunterholen."

Das Mädchen hält den Ball in den Händen und setzt sich, aber dabei zerbrechen einige Dachziegeln: „klack ... klack ...

Das Feuerwehrauto kommt mit Sirene dahergebraust: „tatüü ... tataa ... tatüü ... tataa, die Feuerwehr ist da."

Auf der Straße wird es auf einmal turbulent, ein Hin- und Hergerenne, Leute kommen zusammen, eine Frage jagt die andere:

„Ist Feuer ausgebrochen?"

„Ich weiß es nicht!"

„Wo ist es denn?"

„Beim Haus der Urgroßmutter Florinda!"

Tante Raimunda, die Mutter von Raquel, kommt gerade vorbei, um ihre Tochter abzuholen. Sie sieht das ganze Durcheinander und fragt einen von den Nachbarn:

„Was ist den passiert?"

Einer der Nachbarn informiert sie:

„Ein Mädchen ist auf Urgroßmutters Hausdach gestiegen".

Unsere Tante rennt schnell weiter, ihr Herz schlägt wie wild, und sie kommt außer Atem vor dem Haus an. Da sieht sie die Feuerwehr eine große Leiter ausfahren, einer der Männer steigt hinauf, umfasst Gabi und kommt mit dem Mädchen herunter. Alle applaudieren der Feuerwehr, die Kleine ist gerettet. Uroma, Oma, Opa Lorenzo und Tante Raimunda atmen erleichtert auf.

Der Feuerwehrmann ruft alle Jungen und Mädchen zusammen und verlangt:

„Kinder, wenn ihr irgendeine Sache vom Dach oben herunterholen müsst, steigt bitte nicht selbst hoch, weil es sehr gefährlich ist. Es kann vorkommen, dass ihr von dort oben herunterfallt und euch verletzt. Bittet lieber einen Erwachsenen, das für euch zu machen."

Die Rasselbande ruft ein „Hipphipphurra" auf die Feuerwehr. Anschließend fährt das Feuerwehrauto wieder zurück.

Die Gruppe setzt nun ihr Spiel fort, das Team von Gabi gewinnt.

Das Haus von Oma Marianne

Es war einmal ein großes Haus, das in einer kleinen Stadt in Deutschland direkt am Waldrand lag. Es hatte einige Zimmer, Badezimmer, Wohnzimmer und Küche. Im Garten standen eine Kiefer, ein Apfelbaum sowie ein Birnbaum und ein Pflaumenbaum. Außerdem lebten auf der Wiese im Garten noch einige Tiere: zwei Katzen, ein Hund, ein Hase und ein Pferd.

Im Haus lebte ein altes Ehepaar: Da war Oma Marianne, vollschlank, mit Augen so hellblau wie der Himmel. Ein herzensguter Mensch, der immer fröhlich lächelte. Sie konnte die leckersten Gerichte kochen und die tollsten Kuchen und Plätzchen backen.

Opa Berti, der Mann von Oma Marianne, war ein alter und dünner kleiner Mann, der es liebte Fußball im Fernsehen anzuschauen, zu kegeln oder auf seinem Pferd, der Stute Elli, zu reiten.

Die Ferien fingen gerade an und Oma Marianne machte das Mittagessen, da sie ihre Enkelkinder erwartete, die sie für eine ganze Woche besuchten. „Marianne, was gibt es heute zum Mittagessen?", fragte Opa Berti.

„Es gibt Buchstabensuppe, Schnitzel, Pommes, gemischten Salat und als Nachtisch Apfelkuchen, das Lieblingsgericht der Kinder!"
Die ersten, die eintrafen, waren: Flori, ein sehr intelligenter Junge von acht Jahren. Er war schon in der dritten Klasse, blond, dünn wie eine Bohnenstange und redete wie ein Wasserfall. Dann noch seine zwei Schwestern, die ältere war Nani, mit blauen Augen und genauso blond und dünn wie Flori, ein sehr zurückhaltendes siebenjähriges Mädchen. Und Anja, das Nesthäkchen, die mit ihren sechs Jahren schon viel größer als Nani war. Sie war auch sonst ganz anders als ihre Geschwister, mit hellbraunen Augen und dunkelblonden Haaren und sie hatte immer Appetit.
„Wo sind die anderen?", fragte Flori.
„Sie sind noch nicht da!", antwortete Opa Berti.

In diesem Moment klingelte es an der Tür. So schnell es ging rannten alle raus, um zu sehen, wer da gerade angekommen war.
Es war Martin, der jüngste von allen Enkeln, mit hellen indigoblauen Augen und einer Brille mit runden Gläsern. Ein Meister im Grimassenschneiden.

„Hallo Martin, wie geht es dir?", fragte Oma Marianne. Doch vor lauter Begrüßung und Fragerei seiner Cousins und Cousinen blieb ihm keine Möglichkeit zu antworten. Dennoch bemerkte er, dass noch jemand fehlte und fragte:
„Wo ist denn Dani?"
Durch die offene Tür sahen sie, wie gerade ein Auto vor dem Haus anhielt. Danis Vater saß am Steuer. Er hupte und Dani sprang mit ihrem Koffer aus dem Auto und rief:
„Hallo Leute! Bin ich zu spät?"
„Nein", antwortete Martin, „ich bin auch erst gerade angekom-

men. Flori, Nani und Anja sind schon da."

Dani ist ein relativ kleines Mädchen mit hellen honigfarbenen Augen, die wie ein richtiges Äffchen hüpfen und herumturnen kann. Durch den herrlichen Essensduft aufmerksam geworden fragte sie gleich:

„Ist das Essen schon fertig? Ich habe nämlich einen Mordshunger!"

Oma Marianne antwortete:

„In wenigen Minuten ist es fertig. Geht eben nach oben und stellt euer Gepäck ab und wascht euch eure Hände, bevor ihr wieder herunterkommt."

So ging die ganze Bande nach oben. Die Mädchen suchten sich das größere Zimmer mit Balkon und 3 Betten aus. Flori und Martin blieben zusammen im kleineren Zimmer mit Blick auf den Garten.

Sie stellten ihre Koffer ab, wuschen sich die Hände und rannten die Treppe wieder runter. Dann setzten sich alle an den Tisch und ließen sich das köstliche Essen schmecken.

Als sie mit dem Nachtisch fertig waren, gingen sie in den Garten und spielten Blinde Kuh, Ochs am Berg, Verstecken, Völkerball, Fußball usw.

Nachdem sie von dem Rumgetobe sichtlich müde waren, überlegten sie in der Runde, was sie als Nächstes spielen könnten:

„Wir könnten doch Vater, Mutter, Kind spielen!", schlug Nani vor.

„Ach! Das macht keinen Spaß! Martin und ich sind dann immer die Kinder, nur weil wir die Kleinsten sind", antwortete Dani.

„Lasst uns Zirkus spielen!", schlug Flori vor.

„Klasse Idee, ich spiele die Ansagerin", sagte Anja.

„Ich bin die Dompteurin", sagte Nani.

„Und ich bin der Clown Larifari", rief Martin.

„Dani, kannst du deine magischen Zaubereien vorführen?", fragte Flori.

„Ist doch klar, dass ich den großen Magier Dani Copperfein spiele."

„Und ich werde der Seiltänzer und Jongleur sein", ließ Flori die anderen wissen.

Sie spannten ein großes Tuch als Zirkuszelt auf und setzten alle Kuscheltiere und Puppen im Kreis als Zuschauer auf. Anschließend gingen sie auf den Dachboden von Oma Marianne, um sich mit alten Kleidern und vielen Kostümen aus einer großen alten Truhe zu verkleiden.

„Meine Damen und Herren, der Zirkus Brasil begrüßt mit ihnen die Dompteurin Nani mit ihrem Hund Bobbi", kündigte Anja an.

Nani warf einen Ball weit weg und befahl Bobbi, diesen wieder zu holen. Er rannte hinterher, schnappte sich den Ball und brachte ihn Nani wieder zurück. Das Publikum war begeistert.

Nun trat die Ansagerin wieder in die Manege und sagte:

„Nun wird ihnen Nani eine Nummer mit ihren zwei Katzen, Karlo und Lucky, präsentieren."

Nani stellte zwei Treppen auf, die in der Mitte über ein Brett verbunden waren. Majestätisch gingen die zwei Katzen von der einen Seite zur anderen und sprangen dabei noch durch einen Reif. Alle applaudierten und Anja stellte den nächsten Künstler vor:

„Meine Damen und Herren, wir präsentieren ihnen jetzt unseren Clown Larifari."

Während Martin in die Manege trat, machte er einige Purzelbäume und setzte sich auf einen Stuhl, von dem er gleich wieder runterfiel. Alle lachten.

Er zog tausend lustige Grimassen, hupte und pfiff und machte eine Eisenbahn nach, als er die Manege wieder verließ.

Alle lachten lauthals und klatschen jede Menge Beifall. Eine atemberaubende Vorstellung.

Aber nun trat die Programmansagerin wieder in die Manege und sagte:„Sehr verehrtes Publikum, wir machen nun eine kleine Pause und sind dann sofort wieder für sie da."

Oma Marianne rief nämlich gerade zu einem kleinen Imbiss. Es gab Kakao und Erdbeerkuchen. Nachdem alle gestärkt waren und sich das Zirkuszelt wieder füllte, kündigte Anja die nächste Attraktion an:

„Unser nächster Programmpunkt wird der berühmte Magier Dani Copperfein sein."

Dann trat Dani ein. Mit Frack und Zylinder von Opa Berti. Zuerst zog sie den Hasen Schnuffi aus dem Zylinder und machte anschließend ein paar Tricks mit den Münzen, die immer wieder verschwanden und auftauchten. Aus Floris Ohren, Nanis Nase, Anjas Mund und sogar Martins Allerwertesten. Hierfür bekam Dani einen Extrabeifall.Nun kündigte Anja den nächsten Auftritt an:„Verehrtes Publikum, wir haben die große Ehre, Ihnen den einzigartigen Artisten Flori mit seiner sensationellen Nummer vorstellen zu dürfen."

Er betrat das Zelt mit seiner Assistentin Nani. Zuerst warf er drei Bälle nacheinander in die Luft und fing sie, sobald sie wieder runterkamen, wieder auf, um sie gleich wieder in die Luft zu werfen. Das Gleiche führte er anschließend noch mit bunten Flaschen, Ringen und Hüten vor.

Danach setzte er sich einen Zylinder auf, stellte sich auf einen bereitgestellten Tisch und ließ sich von seiner Assistentin auf Stäben drehende Teller geben.

Anschließend trat Anja wieder ins Rampenlicht und sagte: „Meine Damen und Herren, wir kommen nun zu unserem letzten Höhepunkt. Hase Schnuffi zeigt ihnen seinen berühmten und äußerst gefährlichen Salto mortale!"

Flori legte eine Rolle auf den Boden und mittig darüber ein Brett. An das eine Ende des Brettes legte er eine aufgeblasene Luftmatratze und an das andere Ende stellte er einen Stuhl.

Auf das eine Brettende setzte er Schnuffi. Nun sprang Flori vom Stuhl aus auf das andere Ende des Brettes und Schnuffi flog in einem Riesenbogen durch die Luft, machte dabei drei Salti und landete genau auf der Luftmatratze. Es gab stehenden Applaus und alle riefen nach Zugabe, doch der Hase flüchtete rennend in ein Loch neben der Garagenwand, an der das Zirkuszelt befestigt war.

Dann fing es an zu regnen und Oma Marianne rief alle ins Haus. Sie bauten noch den Zirkus ab und räumten alles auf, um anschließend Karten zu spielen und fernzusehen.

Opa Berti schaute nach den Tieren und bemerkte das Fehlen von Schnuffi. Zurück im Haus fragte er dann die Kinder:
„Wo ist der Hase?"
Also erzählte Dani:
„Nach seinem großen Erfolg mit dem Salto mortale ist er weggerannt und hat sich in dem Loch neben der Garage versteckt. Wir haben alles versucht, damit er wieder rauskommt, aber er hat sich nicht mal für die Möhre interessiert, die wir ihm hingehalten haben. Natürlich haben wir die Möhre mit einer Schnur befestigt und immer sehr langsam gezogen, aber er hat sich immer weiter in das Loch verkrochen."

„Bitte macht keine Experimente mehr mit dem Hasen, er ist sehr verstört", bat Opa Berti.

Die Kinder versprachen daraufhin, sich liebevoll um alle Tiere zu kümmern, besonders um den Hasen Schnuffi.

Pepito der Detektiv

Mein Name ist Pepito Gatuno, der bekannteste Privatdetektiv von Rio de Janeiro und Capoeira-Meister. Bei meinem chinesischen Freund Ching Chang habe ich Karate und Kung Fu gelernt. Während meines Aufenthalts in Japan brachte mir der Meister Tokioto außerdem noch Taekwondo und Aikido bei.

Die Selbstverteidigung hilft mir bei der Lösung vieler Fälle, mit denen ich beauftragt werde. So benötige ich keine anderen Waffen.

Nach meinem letzten Fall habe ich mich entschlossen das Geschehene niederzuschreiben. An einem typischen Herbsttag, mit diesem feinen Nieselregen, las ich gerade meine Lieblingszeitung, tunkte einen meiner Butter-Lieblingskekse in meinen Milchkaffee, als das Telefon klingelte.

Es meldete sich eine Dame, die sehr verzweifelt klang und sich sofort mit mir treffen wollte.

„Meine Dame, sagen Sie mir bitte erst mal ihren Namen!"

„Ich heiße Helena Hase."

„Kommen Sie bitte in mein Büro. Ich stehe Ihnen dann sofort zur Verfügung."

„Nein, das ist zu gefährlich. Die dürfen nichts davon wissen, dass ich einen Detektiv mit dem Problem betraue."

„Dann treffen wir uns dort, wo es Ihnen am sichersten erscheint."

„Man darf mich auf keinen Fall mit einer männlichen Person sehen."

„Wie wäre es, wenn wir uns im Kino Roxy treffen würden? Ich werde mich auf den letzten Stuhl auf der rechten Seite setzten. So können Sie mich auf keinen Fall verfehlen und von niemandem erkannt werden."

„Das ist eine gute Idee. Drei Uhr heute Nachmittag wäre für mich am besten."

„Gut, dann treffen wir uns um drei Uhr."

„Vielen Dank und Guten Tag."

Ich hatte bereits vor dem abgemachten Zeitpunkt meine Eintrittskarte gekauft und wartete das Ende der vorherigen Vorstellung ab, damit ich mich auf den vereinbarten Platz setzen konnte. Als mir die die Vorstellung verlassenden Zuschauer entgegenkamen, steckte mir ein etwa 17-jähriger Junge ohne Worte einen Zettel zu. Auf diesem Zettel stand:

„Leider kann ich nicht zum vereinbarten Treffpunkt erscheinen. Wir können uns morgen zur gleichen Zeit im Botanischen Garten direkt bei den Orangenbäumen treffen. Entschuldigen Sie bitte und danke für ihr Verständnis. Mit freundlichen Grüßen. Helena Hase"

Die Nachricht kam mir sehr merkwürdig vor. Anscheinend kennen mich meine Klienten, aber ich kenne sie nicht.

Als ich am nächsten Tag am vereinbarten Treffpunkt wartete, erschien eine elegant gekleidete äußerst attraktive Dame. Sie näherte sich mir mit leichtem Schritte und sprach zu mir mit weicher Stimme:

„Herr Pepino, ich bin Helena Hase. Entschuldigen Sie bitte noch einmal, dass ich zum gestrigen Termin nicht kommen konnte. Ich befinde mich nämlich momentan in einer äußerst problematischen Situation, aber ich glaube, dass Sie mir helfen können."

Einen Augenblick lang bewunderte ich den Sanftmut von Frau Hase und blieb völlig regungslos. Nur allmählich kam ich wieder zu mir und fragte sie:

„Meine Dame, was kann ich für Sie tun?"

Sie erzählte mir ausführlich, dass sie von ihrem Ehemann Schweinhard Hase beobachtet und kontrolliert werde, der eine führende Position in einem Unternehmen für Konserven einnahm. Er war sehr eifersüchtig, da er kaum Zeit für sie hatte. Er war nicht nur tagsüber durch seine Arbeit gebunden, auch in den Abendstunden war er durch Sitzungen und wichtige Präsentationen ständig geschäftlich unterwegs.

Das Problem verschlimmerte sich noch zusätzlich, als ein mit Smaragden besetztes Armband aus Helenas Schmuckschatulle verschwunden war. Das Schmuckstück hatte Schweinhard ihr zum letzten Hochzeitstag geschenkt und er beschuldigte sie, dass sie es verkauft oder dem jungen Rudi Rotnase geschenkt hatte.

Helena vertraute mir an, dass sie Rudi sehr mochte und versuchte ihm zu helfen, weil er aus einer kinderreichen und armen Familie stammte. Sie glaubte, dass der Junge außergewöhnlich intelligent sei. Sie bezahlte ihm die Schule und motivierte ihn die Universität zu besuchen. Sie versicherte aber:

„Ich habe es weder verkauft, noch Rudi oder sonst jemandem gegeben. Es ist einfach aus meiner Schmuckschatulle verschwunden."

Ich fing an nachzuforschen:

„Wer wohnt in Ihrem Haus?"

„Mein Mann, ich und die Hausangestellten", antwortete Helena.

„Wie viele Angestellte sind es?"

„Es sind fünf."

„Wie heißen sie und was machen sie?"

„Seit über fünfzehn Jahren ist der Fahrer meines Mannes, Anton Schnell, in unseren Diensten. Die Köchin Petunia Gutschmeck, die ich schon von klein auf kenne und aus meinem Elternhaus mitgebracht habe, sowie ihre junge Nichte Marisa, die als Haushaltshilfe arbeitet. Außerdem noch unsere Waschfrau Lydia Blitzeblank und der Gärtner Johann Rosenstolz, die beide seit über fünf Jahren bei uns sind."

„Haben Sie Vertrauen in Ihre Angestellten?"

„Ja, absolut."

„Und alle haben Zugang zu Ihrem Zimmer?"

„Nur Marisa und Petunia."

„Hatten Sie irgendwelchen Besuch in den letzten Tagen?"

„Nein."

„War sonst irgendjemand in dieser Zeit bei Ihnen im Haus?"

„Mein Telefon war letzte Woche defekt und es kam ein Techniker vorbei, um es zu reparieren."

„Ihr Smaragd-Armband verschwand, bevor oder nachdem das Telefon repariert wurde?"

„Das kann ich nicht sagen, da ich es zu dieser Zeit nicht benutzt habe. Ich habe es erst am Geburtstag meines Mannes bemerkt, als ich es zu dem neuen grünen Kleid tragen wollte."

„Und wann war das?"

„Vor zwei Tagen, als ich Sie angerufen habe."

„Ich muss mir ein Bild von dem Ort machen, an dem Sie das Armband aufbewahrt haben. Wie können wir das machen?"

„Vielleicht morgen, wenn mein Mann in der Arbeit ist, so um zehn Uhr morgens?"

„Das passt mir sehr gut."

„Ich wohne in der Auf-und-Ab-Straße Nummer 17. Dann bis morgen."

„Ich werde da sein. Auf Wiedersehen."

Nach unserem Treffen dachte ich, während ich den Botanischen Garten verließ, dass der Telefontechniker der Dieb sein könnte.

An diesem Tag konnte ich mich nicht mehr auf den Diebstahl konzentrieren, sondern dachte nur noch an den Charme von Frau Helena Hase.

Am darauffolgenden Tag war ich schon um 7 Uhr auf den Beinen. Nach einer kalten Dusche, meinem allmorgendlichen Kaffee und der Suche nach meiner besten Kleidung, fuhr ich zum Haus meiner Klientin.

Während ich noch eine Weile vor dem Haus die Lage beobachtete, sah ich, wie ihr Mann mit seinem Chauffeur Anton die Villa in Richtung Arbeit verließ. Ich wartete noch kurz und klingelte dann an der Haustür.

Helena empfing mich an der Tür und sagte in ihrer reizenden Art:„Guten Morgen Herr Pepito, kommen Sie bitte herein."

„Guten Morgen Frau Hase."

Sie führte mich in ihr Zimmer und zeigte mir, von wo der Schmuck verschwunden war.

In dem Schmuckkästchen befand sich nur ein Stückchen Draht. Dann sagte ich zu Helena:

„Ich bin mir sicher, dass es der Mann war, der Ihr Telefon repariert hat. Wissen Sie seine Adresse oder Telefonnummer?"

„Ja, ich habe ihn in den Gelben Seiten gefunden."

„Darf ich mal sehen?"

„Hier ist sie. Es war diese hier von Tenorio Telex. Seine Adresse ist die Hin-und-Her-Straße 12. Ich werde ihn gleich aufsuchen."

So schnell wie möglich verließ ich das Haus und machte mich mit meinem Auto auf den Weg.

An besagter Adresse angekommen, parkte ich den Wagen, und machte mich auf die Suche nach Herrn Telex. Als ich ihn fand, saß er gerade über seiner Buchführung und ich stellte ihn gleich zu Rede:

„Waren Sie vor etwa einer Woche in dem Haus der Familie Hase?"

„Ja, war ich. Ich habe ihr defektes Telefon repariert."

„Das mit Smaragden besetzte Armband von Frau Hase ist aus ihrem Zimmer entwendet worden und ich nehme an, dass Sie es waren."

„Ich hielt mich nur im Wohnzimmer auf. Außerdem habe kein Interesse daran, irgendwas zu stehlen. Meine Firma läuft hervorragend, ich habe sehr viel zu tun und verdiene sehr gut. Warum sollte ich also das Armband meiner Kundin stehlen?"

Ich entschuldigte mich bei ihm und fuhr zurück zu Helenas Haus. Der Fall war doch nicht so einfach wie mir schien.

„Haben Sie den Schmuck?"

„Nein, Herr Telex ist wahrscheinlich nicht der Schuldige. Der Fall wird nicht einfach zu lösen sein. Ich muss noch mehr Beweise finden. Darf ich das Telefon im Wohnzimmer sehen?"

„Natürlich. Bitte schön."

„Es stimmt, er hat dieses Telefon repariert. Ich kann sehen, dass er es geöffnet hat. Jetzt muss ich mir noch das Telefon in Ihrem Zimmer ansehen. Dieses wurde nicht geöffnet."

Dann bat ich:

„Dürfte ich mit ihrer Haushaltshilfe sprechen?"

„Ich werde sie rufen", sagte Helena.

Nach kurzer Zeit erschien sie mit Marisa, die noch sehr jung war. Ich begann meine Fragen zu stellen:

„Sie machen dieses Zimmer jeden Tag sauber?"

„Ja, jeden Tag, wieso fragen Sie?"

„Wissen Sie zufällig von dem Verschwinden des Smaragd-Armbandes Ihrer Hausherrin?"

„Ja, davon weiß ich. Ich habe aber nichts damit zu tun."

In diesem Moment trat Herr Hase in Begleitung von Rudi Rotnase herein. Ich erschrak, da ich ja von seiner Eifersucht wusste und wir uns nun hier in seinem Zimmer trafen.

Er sagte: „Helena, meine Liebste, verzeihe mir! Ich nahm an, dass du den Schmuck, den ich dir zu unserem Hochzeitstag geschenkt habe, verkauft hast, um damit Rudi zu helfen. Er ist heute in mein Büro gekommen und hat mir das Armband zurückgebracht. Und jetzt ist er hier, um dir zu beichten."

„Gestern ist Marisa mit dem Armband zu mir gekommen und hat mir gesagt, dass Sie es ihr gegeben hatten, um es zu verkaufen und mit dem Geld meine Universität zu bezahlen. Sie wollte, dass ich mit ihr in eine andere Stadt ziehe. Sie gestand mir, unsterblich in mich verliebt zu sein und mir überallhin folgen zu wollen. Da mir das Problem zwischen Ihnen und Ihrem Mann bekannt war, entschloss ich mich, ihn aufzusuchen, um alles aufzuklären und den Schmuck zurückzugeben."

Als Marisa das hörte, rannte sie heulend aus dem Zimmer und ich ihr hinterher. Ich konnte sie aufhalten und kam mit ihr zurück. Währenddessen entschlossen sich Helena und ihr Mann sie zu entlassen und die ganze Sache auf sich beruhen zu lassen. Herr Hase versprach Rudi als Dank für seine Ehrlichkeit, ihm sein Studium zu finanzieren.

Ich erhielt eine üppige Provision für meine Arbeit, bedankte mich und fuhr in mein Büro zurück, um mich meinen anderen Fällen zu widmen.

Abrakadabra ...kabrin ...ein Fest an Halloween

Es war einmal eine Zaubererfamilie. Der Familienchef war Bruxandyr, der nicht wegen seiner Zauberkraft bekannt war, sondern wegen seiner Lügen. Er glaubte, dass er viel Erfolg mit seinen Zauberkunststücken hatte, in denen er Dinge verschwinden oder wieder erscheinen ließ. Aber in Wirklichkeit haben sich alle totgelacht, weil in dem Moment, wo er sagte, dass etwas erscheinen sollte, immer etwas ganz anderes passierte.

Einmal sagte er:
„Ich zeige jetzt das bekannte Zauberkunststück, wie man einen Hasen aus dem Hut zaubert."
Statt des Hasen kam ein sehr übel riechendes Stinktier heraus, das überall seinen unangenehmen Geruch verbreitete, und alle Leute sind davongelaufen.

Seine Frau Bruxinéa, die in einer anderen Welt lebte und keine Lust auf Zauberkunst hatte, pflegte immer zu sagen:
„Diese Sache mit der Zauberei ist voll altmodisch!"
Sie hatte nur Friseure, Maniküre, modische Klamotten, Schmuck

und solche unnötigen Dinge im Kopf. Bruxinéa war weit davon entfernt von dem, was eine Hexe tut oder tun sollte.

Sie hatten drei nette und fleißige Töchter, die selbstverständlich auch kleine Hexen waren, aber ganz anders als ihre Eltern.

Die älteste war die kleine Hexe Gina, die durch Zauberei immer versuchte, Dinge, die nicht richtig funktionierten, besser zum Laufen zu bringen: „Heute werde ich eine Zauberformel ausprobieren, damit der Hund sich besser mit der Katze versteht, und umgekehrt."

Sie erfand den Katzenhund und die Hundkatze. Das war eine Mischung zwischen einer Katzenhälfte mit der Hälfte eines Hundes. Somit gab es keine Katze, aber auch keinen Hund mehr, die miteinander gestritten hätten.

Bruxinela war die mittlere Tochter, und da sie es liebte, leckere Sachen zu essen, hatte sie sich darauf spezialisiert, Obst und Früchte in Torten und Eis zu verwandeln. Außerdem schaffte sie es, aus ein bisschen Gemüse ein echtes Abendessen zu zaubern. Sie war bei jedem Fest eingeladen und mit ihrem Zauberstab kreierte sie wunderbare Bankette, die einer Königin würdig waren.

Die jüngste Tochter war die kleine Hexe Dina. Sie war völlig verrückt nach Musik. Sie sang den ganzen Tag und mit ihrer Feenstimme hat sie alle bösen Hexereien entzaubert. Sie hatte großen Erfolg mit ihren Vorstellungen und machte unzählige Konzerte von Pop bis zur klassischen Musik.

Die Familie ist mehrmals umgezogen, da sie keinen richtigen Platz zum Wohnen hatten. Bruxandyr ließ nämlich alle Steinschlösser, in denen sie wohnten, verschwinden. Er hat sie in Sandschlösser verwandelt, die sich mit Wind und Regen zerstörten.

Eines Tages brachte Cousin Florizauber, der als sehr moderner Zauberer, nicht mehr mit dem Besen flog, sondern ein fliegendes Skateboard hatte, ein Kuvert:

„Hallo, alle zusammen! Hier ist die Einladung für das HALLO-WEEN-Fest. Kommt ihr? Ich studiere gerade eine Jongleur- und

Zaubernummer mit meinen neuen Tieren ein. Ich bin sicher, das wird ein großer Erfolg!"

Bruxinéa, die sich normalerweise für nichts interessierte und die ganze Zeit kitschige Klamotten in elegante Pariser Abendkleider verwandelte, fing sofort an ihr Zauberkunststück zu üben: „Ich werde dieses alte Kleid in ein schönes und langes Abendkleid für die Veranstaltung verwandeln." In der Eile hatte sie jedoch Klamotten in eine Eisenrüstung verwandelt, die die Ritter im Mittelalter zum Kämpfen getragen haben.

Das Schlimmste war, sie aus diesem Blechanzug wieder zu befreien. Alle Familienmitglieder haben mit ihren Zauberstäben und Zaubertränken versucht ihr zu helfen ... aber nichts half. Bruxinela war diejenige, die es dann endlich geschafft hatte, sie zu befreien – und das mit einem einfachen Dosenöffner. Die Klamotten waren zu nichts mehr nütze und landeten auf dem Schrott. Sie hatte gelernt, dass man mit Eile nicht weit kommen kann.

Alle waren sehr gespannt und Bruxandyr fing an zu prahlen:
„Ich werde mich für das Fest vorbereiten. Ich werde den Festsaal in einen fantastischen Fantasieraum verwandeln, wie in dem Film ‚Zaubertraum.'" Der Raum, in dem sie waren, wurde plötzlich ein Kino, danach ein Fußballstadion und schließlich ein Gefängnis. Alle waren sauer auf den Zaubervater, weil sie plötzlich nicht mehr in ihren Zimmern sondern in einer Gefängniszelle waren.
Gina hat dann mit ihrem Zauberstab schnell alles wieder rückgängig gemacht.
Bruxandyr fing an zu schimpfen:
„Nix klappt mehr, was passiert mit mir? Ich werde alt oder dieser Zauberstab funktioniert nicht mehr so wie früher."
Gina war eine gute Tochter und schlug ihrem Vater vor:
„Ich kann dir helfen. Ich denke, dass wir zusammen eine fantastische Dekoration für den Festsaal und das Buffet machen können. Bruxinela kann sich um das Essen und die Getränke kümmern, Dina um die Show und um die Musik. Somit wird es eine Familienzauberei und alles wird gut funktionieren."
„Ich finde die Idee super. Dann los!", hatte der Vater zufrieden geantwortet.

Es wurde dann ein großer runder Festsaal mit Stühlen für jedermann, der zu dieser Veranstaltung kommen konnte; die Tribüne lag in der Mitte über einem blauen und spiegelnden See, so gut positioniert, dass alle Anwesenden die Vorstellungen der unzähligen Zauberer und Hexen gut sehen konnten. Die Dekoration bestand aus Spiegeln und farbigen Lichtern, die sich auf den Stalagmiten und Stalaktiten widerspiegelten. Die Lichter haben sich je nach Musikstil in einen anderen Farbton verwandelt.
Nördlich war ein Korridor, der zum Europasaal ging; nach Süden war der Amerikasaal, östlich war der Asien- und westlich der Afrikasaal. Jeder Saal hatte seine Highlights mit vielen Leckereien, die nicht von Bruxinela vorbereitet wurden, sondern von ihrem Zauberstab. Es gab eine Eiskaskade mit Früchtestücken aus tropi-

schen Früchten, eine originelle Kreation. Musik und Tanz wurden zauberhaft von Dina organisiert und folgten den Magieritualen der vier Kontinente.

Am Tag der Veranstaltung waren alle Zauberer und Hexen anwesend, viele davon hatten schon eigene Vorstellungen geplant. Die Delegation aus Europa war fantastisch: Sie machten, dass alle Feinde zu Freunden wurden.
Cousin Florizauber war auch großartig mit seinen fliegenden Fischen, die aus dem Aquarium davonflogen und in der Luft den Bolero von Ravel tanzten.

Darüber hinaus hatte er eine Jongleurnummer mit seinem Zauberstaub gemacht, in der Streichhölzer sich gegenseitig anzündeten und dabei in der Luft verschiedene Figuren malten.

Alle verbrannten Wälder wurden innerhalb von Sekunden pracht-
volle Wälder mit Pflanzen, Blumen und Obst.

Die Hexen und die Zauberer aus Asien, Afrika und Australien
schafften es, dass bedrohte Tierarten sich wieder fortpflanzten,
vermehrten und wieder in ihren gewohnten Umgebungen lebten.
Oh, Halloween war ein großer Erfolg. Alle gingen zufrieden nach
Hause, außer Bruxinéa, die versuchte ein Zauberkunststück zu
zeigen, wo Bikinis und Badeanzüge edle Abendkleider wurden:
Alles, was herauskam, waren völlig zerfetzte und dreckige Klamotten.

Der oberste Hexen- und Zauberrat entschied einstimmig,
Bruxinéa und ihren Mann zurück in die Zauberschule zu schi-
cken. Sie sollten den Umgang mit dem Zauberstaub und die ge-
wöhnlichen und häufigen Zauberstücke neu lernen, damit sie wieder eine gute Hexerei betreiben können.